RATTE

CHINESISCHES HOROSKOP

2024

Alina A. Rubi und Angeline Rubi

Unabhängig veröffentlicht

Einführung

Der chinesische Kalender ist uralt und komplex und wurde nie vereinfacht. Viele Kulturen haben den Mondkalender durch den Sonnenkalender ersetzt.

Der chinesische, islamische und hebräische Kalender richten sich nach den Mondphasen. Es ist ein kompliziertes System, da sie nicht nur von Mondzyklen bestimmt werden, sondern auch den Sonnenzyklus, den Jupiter- und den Saturnzyklus einbeziehen.

Die Chinesen sind der Ansicht, dass die universelle Energie durch ein Gleichgewicht bestimmt wird. Das Konzept von Yin und

Yang ist der wichtigste Bestandteil dieses Gleichgewichts. Yin ist das Gegenteil von Yang und umgekehrt, aber zusammen ergeben sie ein völliges Gleichgewicht. Diese Energie findet sich in allem, was existiert, im Greifbaren und im Ungreifbaren.

Das Ying/Yang-Symbol ist in zwei Hälften geteilt, eine ist schwarz (Yin) und die andere weiß (Yang). Beide Teile sind in der Mitte durch eine Ellipse verbunden, die sie zu einer Kurve zusammenfügt. Ihre Farben, schwarz und weiß, bedeuten, dass es eine Dualität gibt und dass die Existenz des einen die Existenz des anderen unbestreitbar voraussetzt. Im Inneren des Yin befindet sich ein Yang-Kreis, der symbolisiert, dass Dunkelheit immer Licht erfordert. Innerhalb des Yang finden wir einen Yin-Kreis, der anzeigt, dass wir innerhalb des Lichts immer Dunkelheit finden werden.

Die Ellipse, die sie miteinander verbindet, bedeutet, dass alles fließt, sich wandelt und entwickelt. Wenn eine dieser beiden Energien, Yin oder Yang, im Ungleichgewicht ist, ist unser Leben nicht ausgewogen, denn gemeinsam stärken sie sich gegenseitig. Wir sollten nie denken, dass eine Energie der anderen überlegen ist, beide müssen gleichermaßen zusammenwirken.

Leider gibt es in unserer Gesellschaft die Tendenz, die Yang-Energie zu bevorzugen, weil wir denken, dass ihre Eigenschaften die wichtigsten sind. Dadurch schaffen wir eine Trennung zwischen der spirituellen und der materiellen Ebene, denn indem wir den Wert der Yin-Energie herabsetzen, sind wir weniger nachdenklich und denken, dass Anfälligkeit etwas Negatives ist, weil sie Zerbrechlichkeit impliziert.

Das Gleiche geschieht mit der Dunkelheit, wir meiden sie nicht nur, sondern haben

Angst vor ihr. Beide Energien sind wichtig. Wir können nur dann spirituelle Wesen sein, wenn es ein Gleichgewicht zwischen Yin und Yang gibt, denn du bist nicht nur Licht, sondern auch Dunkelheit. Es ist ein Fehler, das Starke oder die Aktion zu schätzen und zu privilegieren. Wir müssen das Weibliche und die Sensibilität schätzen und wertschätzen, denn nur so können wir das wahre Gleichgewicht unseres Wesens erreichen, aus einer Position der Liebe und der Festigkeit.

In den Zeichen des chinesischen Tierkreises sind die Yin- und Yang-Energie vorhanden, und sie sind es, die die Eigenschaften jedes Tieres und die mit ihnen verbundenen Elemente bestimmen.

Die Yin-Energie ist mit dem Dunklen, Kalten, Weiblichen, Abstrakten, der Tiefe und dem Mond verbunden. Yin-Zeichen sind nachdenklich, sensibel und neugierig.

Sie sind der Ochse, der Hase, die Schlange, die Ziege, der Hahn und das Schwein.

Die Yang-Energie ist mit Licht, Wärme, Oberflächlichkeit, der Sonne und logischem Denken verbunden. Es sind impulsive und materialistische Zeichen. Sie sind Ratte, Tiger, Drache, Pferd, Affe und Hund.

Die Yin- und Yang-Energien sind mit den Elementen verbunden, die sich wiederum aus den Jahren ableiten, in denen sie auftreten. Jedes Element verfügt über Yin- und Yang-Energie.

- Die Jahre, die auf die Zahl **0** enden, haben das Element Metall und sind mit der Yang-Energie verbunden.
- Die Jahre, die mit der Zahl **1** enden, haben das Element Metall und sind mit der Yin-Energie verbunden.
- Jahre, die auf die Zahl **2** enden, haben das Element Wasser und sind mit der Yang-Energie verbunden.

- Jahre, die auf die Zahl **3** enden, haben das Element Wasser und sind mit der Yin-Energie verbunden.
- Die Jahre, die mit der Zahl **4** enden, haben das Element Holz und sind mit der Yang-Energie verbunden.
- Jahre, die auf die Zahl **5** enden, haben das Element Holz und sind mit der Yin-Energie verbunden.
- Die Jahre, die mit der Zahl **6** enden, haben das Element Feuer und sind mit der Yang-Energie verbunden.
- Die Jahre, die mit der Zahl **7** enden, haben das Element Feuer und sind mit der Yin-Energie verbunden.
- Die Jahre, die mit der Zahl 8 enden, haben das Element Erde und sind mit der Yang-Energie verbunden.
- Die Jahre, die mit der Zahl **9** enden, haben das Element Erde und sind mit der Yin-Energie verbunden.

Allgemeine Vorhersagen für das Jahr des Drachen

Am 10. Februar 2024 beginnt das sensationelle Jahr des grünen Holzdrachen, und nach der chinesischen Astrologie symbolisiert Grün Leben, Veränderung und Wachstum. Der zugehörige Planet ist Jupiter, ein Planet, der nützlich ist; wir werden die Früchte ernten, die 2023 gesät wurden.

Das Jahr des Drachen 2024 wird uns Glück, Wohlstand, Wohlergehen und Fortschritt bringen. Wir werden viele Möglichkeiten für Wachstum und Transformation haben, aber auch Herausforderungen und Komplikationen, die die Notwendigkeit von Vergebung, Einfühlungsvermögen und friedlichen Entscheidungen betonen.

In den Jahren, in denen das Element Holz ist, belohnt das Leben Menschen, die gesellig und professionell sind. Die Erlangung eines Abschlusses oder Reisen sind einige der Möglichkeiten in diesem Jahr.

Wir werden die Gelegenheit haben, unsere Führungsqualitäten zu entwickeln. Dies ist ein Jahr für Neuanfänge und für die Schaffung von Strukturen, die langfristig Bestand haben werden. Dieses Jahr des Drachen ist günstig für Veränderung und Wachstum, denn die Energie des hölzernen Drachens besitzt die Fähigkeit, innovative Ideen zu inspirieren und unsere Vorstellungskraft zu beflügeln.

Wir werden einige Phasen durchleben, die voller Schwierigkeiten sein werden, aber das sind die Momente, in denen wir die Energie des Drachens nutzen müssen, um erfolgreich zu sein und die Herausforderungen zu überwinden. Vergessen Sie in diesem Jahr nicht, dass der Drache Veränderung und Anpassungsfähigkeit verkörpert, Eigenschaften, die uns helfen werden, zu wachsen und uns zu erneuern.

Das Jahr 2024 wird ein arbeitsreiches Jahr mit vielen Entwicklungsmöglichkeiten sein. Wir werden viele politische, wirtschaftliche, Beziehungs- und Umweltkonflikte erleben, die deutlich machen, dass friedliche Lösungen die Antwort auf jedes Problem sind.

Dieses Jahr wird uns anregen, neue Geschäfte zu machen und uns in der unternehmerischen Welt weiterzuentwickeln, denn die Energie des Drachen und seine Eigenschaften, mutig und ehrgeizig zu sein, werden uns inspirieren.

Wir werden viele Anpassungsfähigkeiten entwickeln, und Geduld und Ausdauer werden es uns ermöglichen, alle Widrigkeiten zu überwinden und dem Triumph entgegenzugehen. Dies ist auch ein günstiges Jahr, um an unserem geistigen Wachstum zu arbeiten, und es ist besonders wichtig, dass wir unsere Ziele im Auge behalten.

Zusammenfassend lässt sich sagen, dass es ein Jahr mit positiven Veränderungen und bedeutenden Fortschritten in unserem Leben sein wird, in dem wir die Möglichkeit haben werden, Liebe zu finden, eine Beziehung zu stärken und wirtschaftlichen und geistigen Wohlstand zu haben.

Ursprung des chinesischen Horoskops

Das chinesische Horoskop hat eine mehr als 5000 Jahre alte Tradition und basiert auf dem Mondjahr.

Der Legende nach rief Buddha alle Tiere, doch nur zwölf folgten seiner Aufforderung in folgender Reihenfolge: die Ratte, der Ochse, der Tiger, das Hase, der Drache, die Schlange, das Pferd, die Ziege, der Affe, der Hahn, der Hund und das Schwein.

Jedes Tier erhielt ein Jahr geschenkt und bildet den Zwölfjahreszyklus, der in der

chinesischen Astrologie verwendet wird.
Daher hat jedes Zeichen den Namen eines
Tieres, und jedem Tier entspricht ein Jahr.

Jedem Tier wurde außerdem eines der
fünf Elemente zugeordnet, die den
planetarischen Energien entsprechen:

- Wasser (Merkur)
- Metall (Venus)
- Feuer (Mars)
- Holz (Jupiter)
- Erde (Saturn)

Das chinesische Horoskop drückt die
Analogie der kosmischen Energien bei
jedem Menschen aus. Aus diesem Grund
wird die Energie jedes Menschen durch
eines der zwölf Tiere repräsentiert, die
dieses Tierkreiszeichen-System bilden.

Jedes Tier und die Energie, die Ihnen
entspricht, werden durch Ihr Geburtsdatum
bestimmt. Diese Energien bestimmen dein
Verhalten und wie du die Welt wahrnimmst.

Für die Chinesen symbolisieren diese
Zeichen die bemerkenswertesten
Eigenheiten unseres Charakters. Um die
Bedeutung der Tiere richtig zu verstehen,
müssen wir sie als spirituelle Symbole
sehen.

Das chinesische Horoskop basiert nicht auf
dem Sonnenzyklus, auf dem das westliche
Horoskop basiert. Es basiert auf den Zyklen
des Mondes. Jedes Mondjahr hat zwölf neue
Monde und alle zwölf Jahre einen
dreizehnten, daher fällt ein neues Jahr nie
mit dem Datum des Vorjahres zusammen.

Die zwölf Tiere des chinesischen Horoskops
beeinflussen das Leben, das Glück und den
Willen eines jeden Menschen. Diese
Qualitäten zeigen sich nicht offen im
täglichen Leben, aber sie sind immer präsent
und wirken in Form von verborgenen
Kräften.

Die chinesische Zwölfjahresperiode ist mit dem Transit des Planeten Jupiter verbunden, und jedes chinesische Mondjahr entspricht in der westlichen Astrologie der Dauer des Transits von Jupiter durch ein Tierkreiszeichen. Jupiter befindet sich in der westlichen Astrologie immer in dem Zeichen, das traditionell dem Tier im chinesischen Horoskop entspricht.

Ihr Aszendent nach dem chinesischen Horoskop.

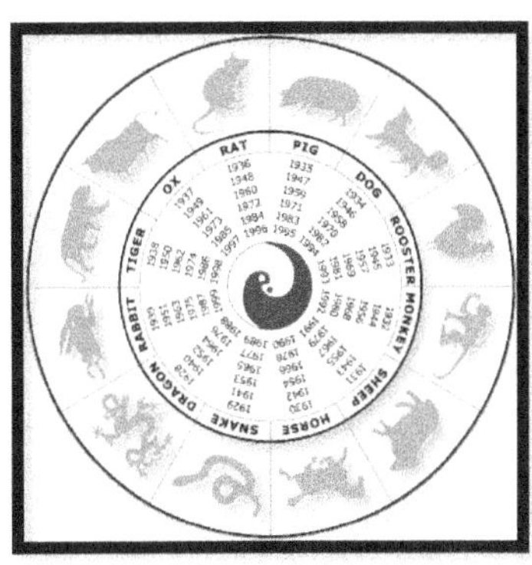

Zusammen mit Ihrem chinesischen Horoskop Zeichen haben Sie auch einen Aszendenten, der durch Ihre Geburtszeit bestimmt wird.

Dieses Tier wird einen starken Einfluss auf das Bild haben, das Sie anderen vermitteln, und auf die Ereignisse Ihres Lebens. Sie sollten auch das Horoskop für das Tier lesen, das Ihren Aszendenten repräsentiert.

Dieses Zeichen des Aszendenten symbolisiert die Energie, die Sie entwickeln können, und die Eigenschaften, die Sie sich mit Mühe aneignen können. Das ist der Grund, warum wir manchmal andere Eigenschaften haben als die, die mit unserem Zeichen verbunden sind.

Im chinesischen Horoskop ist es verblüffend einfach, Ihren Aszendenten zu bestimmen, die einzige Angabe, die Sie benötigen, ist Ihre Geburtszeit.

Geburtszeit   Tier-Aszendent

23.00 Uhr bis 12.59 Uhr Rat

1.00 Uhr bis 2.59 Uhr Ochse

3.00 Uhr bis 4.59 Uhr Tiger

5.00 Uhr bis 6.59 Uhr Hase

7.00 Uhr bis 8.59 Uhr Drache

9.00 Uhr bis 10.59 Uhr Schlange

11:00 Uhr bis 12:59 Uhr Pferd

13.00 Uhr bis 14.59 Uhr Ziege

15.00 Uhr bis 16.59 Uhr Affe

17.00 Uhr bis 18.59 Uhr Hahn

19.00 Uhr bis 20.59 Uhr Hund

21.00 Uhr bis 22. 59 p.m. Schwein

Kombinationen von Aszendenten und Tierkreiszeichen.

Ratte Aszendenten

Ratte Aszendent Ratte.

Sie wurden zwischen 23 Uhr und 1 Uhr morgens geboren. Sie sind sehr freundliche Menschen mit allen, obwohl sie manchmal individualistisch und materialistisch sind. Sie sind begeistert von allem, was sie interessiert.

Ratte Aszendent Ochse

Sie wurden von 1 Uhr bis 3 Uhr morgens geboren. Sie sind sehr zurückhaltende und sensible Menschen. Sie vermitteln ein Bild der Verletzlichkeit, sind aber innerlich stark und haben viel Disziplin.

Tiger Aszendent Ratte.

Sie wurden von 3 Uhr morgens bis 5 Uhr morgens geboren. Sie sind streng, und es ist schwierig, mit ihnen zu leben. Sie sind launisch und hartnäckig. Sie mögen Abenteuer und haben ständig neue Projekte im Kopf.

Ratte Aszendent Hase

Sie wurden zwischen 5 Uhr und 7 Uhr morgens geboren. Sie sind erfolgreich, weil sie schelmisch und talentiert sind. Sie haben gutes Geschäftsglück und gute Intuition.

Ratte Aszendent Drachen

Sie wurden zwischen 7 und 9 Uhr morgens geboren. Sie sind Führungspersönlichkeiten par excellence. Sie sind erfolgreich bei allem, was sie sich vorgenommen haben. Sie haben unendlich viel Energie.

Ratte Aszendent Schlange.

Sie wurden zwischen 9 Uhr und 11 Uhr geboren. Sie sind intuitiv und behutsam. Sie wissen jedoch, wie sie Gefahren vermeiden können. Sie gehen immer als Sieger hervor.

Ratte Aszendent Pferd.

Sie wurden zwischen 11 Uhr und 13 Uhr geboren. Sie sind enthusiastisch und impulsiv. Aber sie wissen, wie sie ihren Willen in allen Situationen durchsetzen können.

Ratte Aszendent Ziege.

Sie wurden zwischen 13.00 und 15.00 Uhr geboren. Sie sind herzliche und freundliche Menschen. Sie lieben Partys. Sie sind positiv, aber sie sind auch abhängig.

Ratte Aszendent Affe.

Sie wurden zwischen 15 und 17 Uhr geboren. Sie sind unternehmerisch veranlagt. Sie denken immer über den nächsten Schritt nach, den sie tun müssen.

Ratte Aszendent Hahn.

Sie wurden zwischen 17 und 19 Uhr geboren. Sie sind gute Verkäufer und haben einen sehr beweglichen Verstand. Obwohl sie viel Geld verdienen, wissen sie nicht, wie sie es verwalten sollen, aber es geht ihnen bald aus.

Ratte Aszendent Hund.

Sie wurden zwischen 19 und 21 Uhr geboren. Sie sind Vermittler und Philanthropen. Im Geschäftsleben sind sie ehrlich. Die Menschen schätzen sie für ihre Loyalität.

Ratte Aszendent Schwein.

Sie wurden zwischen 21 und 23 Uhr geboren. Sie sind selbstständig, ein bisschen wie ein Einsiedler und haben nichts dagegen, für sich selbst zu arbeiten. Sie sind friedlich.

Chinesisches Element des Jahres 2024, Holz

Das Element des Jahres 2024 ist Holz. Holz ist ein kreatives Element. Wenn dieses Element aufgrund deines Geburtsjahres auf dich zutrifft, solltest du diese Energien kreativ kanalisieren. Holz symbolisiert Mitgefühl und Toleranz. Wenn Sie diese Energien nutzen wollen, ist es wichtig, dass Sie sich das ganze Jahr über mit natürlichen Pflanzen, Blumen und grünen Gegenständen umgeben.

Holz ist ein Element, das mit der Fähigkeit zu projizieren und Entscheidungen zu treffen zusammenhängt, daher wird das

Jahr 2024 ein Jahr der Entwicklung, der Evolution und des Gedeihens sein.

Dieses Element steht in Verbindung mit Verdauung, Atmung, Herz und Stoffwechsel und sorgt in der traditionellen chinesischen Medizin für einen kontinuierlichen Energiefluss. In Bezug auf die Gefühle bedeutet dies, dass wir unsere Emotionen richtig ausdrücken.

Holz wird uns im Jahr 2024 helfen, Bewusstsein und Verständnis für die objektive Realität zu gewinnen. Es wird uns Festigkeit und Einfühlungsvermögen in unseren Beziehungen bringen. Da Holz mit unserer Persönlichkeit zusammenhängt, wird es uns die richtige Dosis an Enthusiasmus, Entschlossenheit und Dynamik bringen, damit wir handlungsfähig sind und uns allen Herausforderungen dieses Jahres stellen können.

Holz ist das Element, das wir in diesem Jahr brauchen, um die notwendigen

Entscheidungen treffen zu können, für Veränderungen, die unerlässlich sind. Dank dieses Elements werden wir die richtigen Strategien und die Fähigkeit haben, alle Prozesse zu organisieren und unter Kontrolle zu halten, aber wir werden auch flexibel bleiben.

Die Bedeutung der Elemente im chinesischen Horoskop

Metall

Menschen, die in den Jahren geboren sind, die im chinesischen Horoskop auf 0 oder 1 enden, werden dem Metallelement zugeordnet. Metall, das Material, aus dem Schilde und Schwerter hergestellt werden, ist das Element, das Festigkeit und Ehrlichkeit, aber auch Strenge symbolisiert.

Metall ist das Element des Herbstes, der Jahreszeit der Ernte und des Überflusses. Es ist dual wie die Funktionen seines Elements, denn in Form eines Schwertes verflüssigt es, und als Löffel nährt es. Metall kommt aus der Erde, wird vom Feuer beherrscht und verklärt Holz.

Die Persönlichkeit dieser Personen, die dem Metallelement angehören, ist in der Regel sehr ambivalent. Am besten geht es ihnen, wenn sie allein sind, da sie niemandem Rechenschaft ablegen müssen.

Sie sind entschlossen, bestimmen ihr Schicksal selbst, sind stur, professionell und gleichgültig gegenüber jedem Versuch eines Kompromisses. Ihre Freiheit steht an erster Stelle, und es ist sinnlos, sie unter Druck zu setzen, geschweige denn ihnen zu helfen, denn sie hören auf niemanden und akzeptieren keine Einmischungen und Behinderungen. Sie verlassen sich nur auf sich selbst und lassen sich von niemandem beeindrucken, denn sie sind mächtig und fähig, Großes zu leisten.

Für sie gibt es keine Schwierigkeiten, die sie aufhalten können, und selbst wenn eine

Situation unhaltbar wird, leisten sie bis zum Ende Widerstand. Sie sind ehrgeizig und berechnend, sie lieben Geld, Macht und Erfolg und werden keine Mittel scheuen, um ihre Ziele zu erreichen, auch wenn das bedeutet, dass sie Beziehungen zerstören.

Sie sind für Berufe gedacht, die es ihnen ermöglichen, ihr Element zum Ausdruck zu bringen: Juweliere, Finanziers, Versicherungen aller Art, Schlosser, Bergleute, Chirurgen, und für jeden Kontext, der es ihnen erlaubt, sich von anderen zu unterscheiden.

Sie können auch in Berufen erfolgreich sein, die mit Holz oder Papier zu tun haben. Berufe, die mit Wasser zu tun haben, sind vorteilhaft, Berufe, die mit Erde zu tun haben, können zu Konflikten führen, und von Berufen, die mit dem Element Feuer zu tun haben, sollten sie sich fernhalten.

Sie sind nicht an Gefühlen interessiert und lassen sich von den Schwierigkeiten anderer nicht beeindrucken, bis hin zur Manipulation, wenn sie sich einen Vorteil verschaffen können. Die Leidtragenden sind vor allem die Menschen des Holzelements, da es sie mit Frontalangriffen manipuliert und unterdrückt. Die Menschen des Wasserelements hingegen erhalten, da sie aufnahmefähig sind, einen wirksamen Anstoß, von dem sie enorm profitieren.

Die einzigen, die sie wirklich beugen können, sind Personen, die dem Feuerelement angehören, denn sie beherrschen ihre Unempfindlichkeit und Strenge mit einer ansteckenden Emotion.

Physisch erkennt man eine Person des Metallelements an ihrem traurigen Blick und der blutarmen Gesichtsfarbe.

 Sie ist empfindlich, anfällig für Stress und kann durch Temperaturschwankungen und schlechte Ernährung beeinträchtigt werden. Deshalb sollten Sie ihren Appetit anregen, wobei Sie würzige Speisen bevorzugen sollten.

Die günstigste Jahreszeit für sie ist der Herbst, und während dieser Zeit können sie ihre Fähigkeiten maximal entwickeln, was jedoch nicht bedeutet, dass sie es übertreiben oder stur sein sollten. Er sollte weiße Kleidung tragen, Metalle und weißen Quarz als Amulette verwenden.

Metall ist starr und unnachgiebig und hat keine Angst vor Gefahren. Es ist eine unabhängige Art von Person, die von Gier getrieben, geht mit Ausdauer, konzentriert sich auf den Erfolg, Pläne, und verabscheut die spontane.

Wenn es einmal einen Weg eingeschlagen hat, ändert es ihn nicht mehr. Trotz ihrer äußeren Unempfindlichkeit strahlen Menschen dieses Elements eine Anziehungskraft aus, die von allen, mit denen sie in Verbindung stehen, wahrgenommen wird.

Um von ihren Fähigkeiten zu profitieren, müssen sie jedoch lernen, weniger dogmatisch zu sein, da dies ihre Beziehungen beeinträchtigt.

Menschen, die im Metallelement geboren sind, müssen sich erziehen, damit sie ihre Gefühle ausdrücken können. Wenn sie dies nicht tun, werden sie das Gefühl haben, dass ihre Energien vermindert sind.

Erde

Menschen, die in den Jahren geboren sind, die auf die Zahlen 8 oder 9 enden, gehören dem Erdelement an. Diesem Element entsprechen die Eigenschaften der Standhaftigkeit, der Ausdauer und der Fruchtbarkeit. Obwohl die Erde in der chinesischen Astrologie keine eigene Jahreszeit hat, ist sie im Kalender mit den letzten zwei oder drei Wochen der anderen Jahreszeiten verbunden.

 Erde ist das Element, das für Stabilität und Greifbarkeit steht, aber bei einem Übermaß verwandelt es die Menschen in vorsichtige, misstrauische und starrköpfige Menschen und schränkt ihre Initiativen und Fantasien ein.

Der Mensch des Erdelements ist geduldig und bescheiden, arbeitet immer mit Beständigkeit, ohne sich einen Augenblick der Freude oder Unordnung zu gönnen. Er wird nie müde und kann ebenso eifrig und materialistisch wie naiv und umsichtig sein.

Sein unbestreitbarstes Merkmal ist seine ausgeprägte Entmutigung. Er ist zu ernst, liebt es zu planen und zu lenken, ist entsetzt über Zufälle, und obwohl er intelligent ist und ein außergewöhnliches Gedächtnis hat, stört es ihn, glanzvoll zu erscheinen.

Sie ist unersättlich nachdenklich, ehrgeizig und ängstlich und damit der Gefahr ausgesetzt, die Milz aufzuladen, ein Organ, das mit diesem Element zusammenhängt und das geschwächt ist, wenn der Mensch eine scharfe Mentalität hat.

Die Person, die zu diesem Element gehört zementiert persönliche Beziehungen allmählich, aber für eine lange Zeit erträgt. Es ist sehr hingebungsvoll und Verteidiger in der Liebe, immer bereit, Vertrag und erfüllen ihre Verantwortung, und obwohl es nicht demonstrativ in ihren Gefühlen ist eine Schulter, die immer aufgezählt werden kann, weil es an Ihrer Seite in den Momenten, die Sie brauchen es sein wird.

In ihrer Arbeit sind sie seriös und zurückhaltend, aber auch organisiert und verlässlich. Sie sind die richtigen Leute, um Geschäfte mit Moral, Strenge und feuerfester Ehrlichkeit zu führen. Ihr Verstand macht sie zu unschlagbaren Vermittlern in den Problemen, die mit ihren eigenen praktischen und günstigen Ausgängen dazu beitragen. Sie sind für Berufe geeignet, die Geschicklichkeit erfordern, aber keine Initiative oder Führungsaufgaben beinhalten.

Obwohl sie wegen ihrer Launenhaftigkeit und Nostalgie und ihrer Unfähigkeit, fröhlich zu sein, nicht leicht zu ertragen ist, verbindet sie sich gut mit dem Metallelement, dem sie Stabilität verleiht, und mit dem Wasser, das sie geschickt zu bändigen und zu lenken weiß. Normalerweise hat es Konflikte mit dem Holzelement, da es zwar schützt, aber manchmal auch erstickt, und mit dem Feuer, das es sowohl antreibt als auch schwächt.

Das Erdelement ist mit dem Planeten Saturn verbunden. Sie müssen unglaublich vorsichtig mit dem Verzehr von Süßigkeiten sein, etwas, das Sie lieben, da es mit Ihrem Element verbunden ist.

Sie sollten immer natürliche Süßigkeiten wählen und den Gebrauch von weißem Zucker einschränken, da dieser das Kalzium in ihrem Knochensystem zerstört. Sein anderer Schwachpunkt ist sein Verdauungssystem, das ihn in der Regel hart

bestraft, weshalb er eine leichte und leicht verdauliche Kost erhalten sollte.
Es wird empfohlen, den direkten Kontakt mit Mutter Erde zu suchen, barfuß im Sand oder auf dem Feld zu laufen.

Seine Glücksfarbe ist gelb, und sein Quarz ist Topas und Citrin.
Die Erde steht für Wohlstand, Vernünftigkeit, Materialismus und Sicherheit. Diese Menschen neigen zur Introspektiven, was ihnen eine große Fähigkeit zum Denken verleiht.

Die Erde ist der Behälter des Lebens und diese Siegel der unauslöschlichen Form zu denen unter dem Einfluss dieses Elements geboren, da sie stabile Menschen sind, in denen Sie delegieren können.

Die Erde nährt sich vom Feuer und erzeugt eine große Energie, die Metall erhitzt und schmilzt, Wasser bändigen und von Holz verzehrt werden kann.

Um sich wohlzufühlen, braucht der Mensch des Erdelements materielle Sicherheit, obwohl er fleißig, formal und organisiert ist. Man kann ihnen vorwerfen, dass sie anmaßend sind, aber aufgrund ihrer Verdienste gehen sie langsam auf ihre Ziele zu und erzielen stabile Ergebnisse.

Feuer

Menschen, die in den Jahren geboren sind, die auf 6 oder 7 enden, entsprechen dem Feuerelement. Zu diesem Element gehören Leidenschaft, Mut und Führung.
Das Feuerelement ist das Element des Sommers, in dem alles fruchtbar wird und seine Vollendung findet.

Er ist mit dem Planeten Mars verwandt, wohltuend, aber manchmal impulsiv. Es ist übermäßig steril und symbolisiert die Person, die sich auszeichnet, aber auch andere schlecht behandelt. Kämpferisch, eitel und reizbar, die Person dieses Elements geht von Wut zu ungezügelter Freude.

Seit seiner Kindheit hat er eine Führungspersönlichkeit, Ehrgeiz ist in seinem Leben präsent, er liebt Gefahren, Lachen, Begeisterung und Konflikte.

Schwierigkeiten entmutigen ihn nicht, sondern spornen ihn an, weiterzumachen, und in diesen Fällen durchläuft er eine heftige Metamorphose.

Diese Menschen wurden geboren, um zu gewinnen, aber sie wissen nicht, wie sie es zugeben sollen, weil sie es nicht schaffen, sich selbst zu beobachten und ihre Energien zu nutzen. Sie sind großartig im militärischen Bereich, im Sport und als Chefs, da die anderen vor ihrem Charisma untergehen. Sie verstehen es, die Energien des Holzelements zu nutzen, indem sie ihre Genialität in den Dienst ihrer Sache stellen und in den Menschen des Erdelements den

lebenswichtigen Mut zum Vorwärtskommen
wecken.

Menschen, die dem Wasserelement
angehören, neigen dazu, ihre Leidenschaft
auszulöschen, und Menschen, die dem
Metallelement angehören, stellen sie mit
einer Starrheit auf die Probe, die ihr
Energiefeld auslaugt.

Das am leichtesten geschädigte Organ bei
diesen Menschen ist das Herz, es besteht die
Möglichkeit einer Tachykardie. Darüber
hinaus können sie unter Ohr- und
Darmproblemen leiden.

Sie sollten Kleidung in leuchtenden Farben
tragen, unter denen Rot überwiegt, und als
Amulette Quarze wie Granate und Hämatit
verwenden. Sie sollten auch Weihrauch und
Kerzen verwenden.

Diese charismatischen,
enthusiastischen und opportunistischen
Menschen kommunizieren gut und sind
handlungsorientiert. Ihr Egoismus und ihr

Wunsch nach Erfolg sind unberechenbar und sie verlassen sich nur auf ihre eigenen Ansichten.

Sie neigen dazu, Details zu vernachlässigen, da sie manchmal stur sind und sich Ziele setzen, die intensive Arbeit erfordern.

Menschen, die unter dem Einfluss des Feuerelements geboren sind, sind positiv, geben immer ihr Bestes und engagieren sich in allem, was sie tun, mit Liebe und Willen. Ihre Energien dienen dazu, diejenigen um sie herum zu unterstützen, denen es daran mangelt.

Das Feuer heizt das Haus und ermöglicht es uns, Essen zuzubereiten. Dieses Element nährt die Erde durch die Asche, es ernährt sich von trockenem Holz, das heißt, Holz, seine Wärme beherrscht das Metall, das heißt, es macht es flexibel, und es kann nur von Wasser beherrscht werden.

Eine Führungspersönlichkeit hat immer ein Übermaß an Feuerelementen und neigt dazu, schnelle Entscheidungen zu treffen. Er fühlt sich zu unkonventionellen Ideen hingezogen, hat keine Angst vor Gefahren und ist immer in Bewegung.

Es ist wichtig, dass Sie lernen, emotionale Intelligenz zu besitzen, denn Arroganz kann Ihren Egoismus verstärken und Sie unkontrollierbar machen, besonders wenn Sie auf Hindernisse stoßen.

Dieser selbstzerstörerische Stil ist bei Jugendlichen besonders ausgeprägt.

Der Erfolg begleitet die Menschen des Feuerelements, aber sie müssen übermäßig vorsichtig mit Instabilität und Unruhe sein, die die häufigsten Unzulänglichkeiten der unter Feuer Geborenen sind. Es ist besser, diese Fehler zu beherrschen, um nicht von ihnen versklavt zu werden.

Sie sollten sich einen ruhigen Ort suchen, an dem sie zur Ruhe kommen können, und auch Meditation wird sie ins Gleichgewicht bringen.

Menschen mit dem Feuerelement sind hartnäckig und lukrativ.

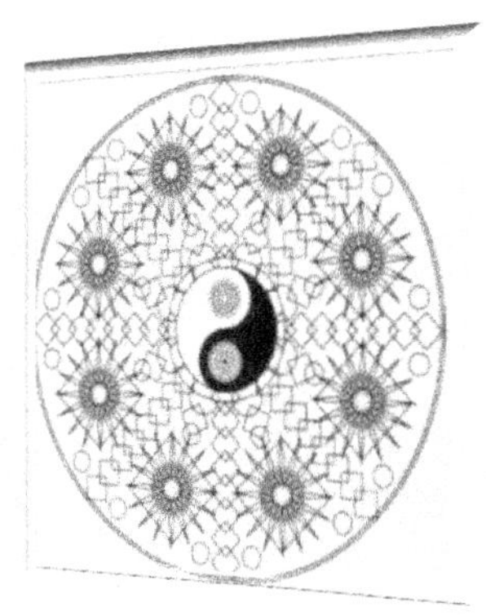

Holz

Menschen, die in den Jahren geboren sind, die auf die Zahlen 4 oder 5 enden, gehören dem Element Holz an. Holz ist das Element, das Harmonie, Schönheit und Kreativität symbolisiert. Sie haben ein hohes Maß an Selbstvertrauen und einen eisernen Willen, was sie zu den richtigen Menschen macht, um für eine gerechte Sache zu kämpfen.

Holz ist mit dem Planeten Jupiter verbunden, es ist das wohltuendste der Elemente, Symbol für Beständigkeit und Wissen. Es ist anpassungsfähig, lässt sich

gut biegen und ist vielseitig einsetzbar. Es
charakterisiert kommunikative, großzügige
und ehrliche Menschen.

Menschen mit dem Holzelement sind kreativ
und vital, aber manchmal sind sie verstreut
und nicht in der Lage, ihren Weg zu finden
und ihre Ziele zu erreichen.
Sie vertrauen ihren Mitmenschen bis zur
Unschuld und gehen gerne mit allen auf
Tuchfühlung, wobei sie immer neue Dinge
entdecken, die sie preisgeben und sich selbst
befriedigen können. Sie fühlen sich zur
Natur und zu Kindern hingezogen und geben
der Familie den Vorrang.
Gelegentlich neigen sie dazu, unrealistische
Erwartungen zu stellen, ihren Körper
herabzusetzen, zu viel zu essen und sich in
Leidenschaft und Sinnlichkeit zu verlieren.
Sie sind daran gewöhnt, Partner aus dem
Wasserelement zu wählen, von denen sie
Mut und Unterstützung erhalten, und solche
aus dem Feuerelement, die sie mit ihren
brillanten Ideen unterstützen.

Es verträgt sich nicht sehr gut mit dem Metallelement, das es gnadenlos zerstört. Das Element Holz erkennt man an seiner grünlichen Farbe. Diese Menschen sollten sich um ihre Augen kümmern.

Holz wird verwendet, um Unterkünfte zu bauen, so dass es uns schützt. Holz deckt sich mit der Kreativität des Wassers, und dank dieser Eigenschaft verstehen und helfen sie anderen.

Diejenigen, die unter dem Holz-Element geboren sind, haben innere Konflikte, um sich Regeln und Traditionen zu unterwerfen, wo strenge Urteile ständig in Kraft sind. Dieses Element nährt das Wasser und ist gleichzeitig Brennstoff für das Feuer. Seine Energie wird von der Erde aufgesaugt und vom Metall unterjocht.

Menschen des Elements Holz erringen immer große Erfolge und haben eine begehrte Struktur. Ihre Berufe sind vielseitig. Sie legen großen Wert auf Integrität und streben danach, einen festen

Platz im Leben zu finden. Der Glaube an den Erfolg und ihre analytischen Fähigkeiten geben ihnen die Fähigkeit, auch die komplexesten Probleme ohne Zögern anzugehen. Mit einer unglaublichen Überzeugungskraft agieren sie in vielen Bereichen, da sie stets auf Entwicklung und Veränderung abzielen.

Ihr natürlicher Wille hilft ihnen, voranzukommen, und sie finden immer Unterstützung und das nötige Kapital, da andere Menschen auf ihre Fähigkeit zählen, Ideen in Wohlstand zu verwandeln.

Sein Haupthindernis besteht darin, die Dinge auf die Spitze zu treiben. Wut und zurückhaltender Zorn wirken sich negativ auf die Energien dieses Elements aus. In der Nähe von Bäumen zu sein und sie zu berühren, gleicht das Holzelement aus.

Bei der Arbeit sind Menschen, die dem Holzelement angehören, geordnet, intelligent und einfallsreich. Bei kommerziellen Aktivitäten sind sie erfolgreicher, wenn die Arbeit im Team erfolgt und gut strukturiert ist.

Kein Arbeitsbereich, der mit ihrem Element zu tun hat, ist ungünstig, aber diejenigen, die mit Feuer zu tun haben, können sie beeinträchtigen, und diejenigen, die mit Metall zu tun haben, werden sie ruinieren.

Wasser

Das unempfindlichste und gefühlloseste
Element, das mit dem Winter, der
Langlebigkeit und dem Planeten Merkur
verwandt ist, ist der Herrscher der
Kommunikation und der tiefen Zuneigung.

Ein Mensch des Elements Wasser ist
sensibel, aber hermetisch. Er ist barmherzig,
sentimental und zerbrechlich, hasst Kritik
und handelt deshalb lieber im Verborgenen,
um sich zu schützen.

Er ist herzlich, wortgewandt und gleichzeitig
besonnen und versteht es, Rückschläge zu

überwinden, ohne sich aufzuspielen, mit
Gerissenheit, Scharfsinn und Ausdauer. Auf
diese Weise erreicht er seine Ziele indirekt
und im Stillen, wobei er den Eindruck
erweckt, rücksichtsvoll und verständnisvoll
zu sein.

Energiemangel ist ein Problem für das
Wasserelement, wenn es nicht lernt, seine
Hilflosigkeit mit der Kraft auszugleichen,
die aus der Reflexion und der
Kommunikation mit den tiefsten Teilen
seines Wesens kommt. Panik ist immer die
Leitschnur seines dramatischen Lebens, das
oft in der Dunkelheit gelebt wird, aus Angst,
sich zu zeigen und zu kämpfen.

Auf beruflicher Ebene sind sie wegen der
Konkurrenz selbstbewusst, aber sie leisten
gute Arbeit an klaren und geschützten Orten,
wie Schulen, Buchhandlungen, Redaktionen
oder überall dort, wo Kommunikation,
mündlich oder schriftlich, der primäre
Mechanismus ist, und in der Gesellschaft
von friedlichen Kollegen, die zu ihrer

Persönlichkeit passen, wie zum Beispiel jemand aus dem Holz-Element, mit dem der Wunsch nach Weisheit zusammenfällt, oder mit dem Metall, von dem sie Entscheidungen erhalten.

Umgekehrt passt sie sich weder an das Feuerelement an, das sie auslöscht und entmutigt, noch an Menschen, die dem Erdelement angehören und bei denen sie sich eingeschränkt, konditioniert und behindert fühlt.

Schwarz ist die Farbe, die sie begünstigt, aber sie sollten es mit Mäßigung verwenden, weil es dazu neigt, sie zu entmutigen. Das gleiche geschieht mit dunklem Quarz, die Glück anziehen, wie Jet, Onyx und Turmalin.

Um ihre Qualitäten bestmöglich zu nutzen, ohne in die Extreme zu gehen, und um sich nicht zu zerstreuen, sollten die Personen des Wasserelements ihre Pläne im Winter beginnen.

In positiven Perioden vermitteln die Liebesbeziehungen dieses Elements Zärtlichkeit, Gleichmut und Vorsicht, Potentiale, die es ihnen ermöglichen, sich mit der nötigen Klugheit zu verhalten, um die Ursachen ihrer Konflikte zu beseitigen, wenn sie auftreten.

Sie haben ein unglaubliches Denkvermögen, obwohl ihre zurückhaltende, tiefe und wolkige Persönlichkeit sie zu Melancholie neigen lässt. Sie zeigen auch einen Mangel an Sicherheit und Kühnheit. Kreativität ist eine der Haupteigenschaften dieses Elements, ebenso wie Anpassung, Sanftmut, Barmherzigkeit und Mitgefühl. Ohne Wasser gäbe es keine Lebewesen auf der Erde, dieses Element ist rein und kristallin, Eigenschaften, die diejenigen haben, die zu diesem Element gehören.

Menschen, die diesem Element angehören, sind leutselig und haben einen wunderbaren Einfluss auf andere. Sie haben eine originelle Intuition, die es ihnen ermöglicht, schnell zu erobern. Ausdauer und Klarheit geben ihnen die Möglichkeit, Ereignisse vorherzusagen.

Sie können die Fähigkeiten anderer wahrnehmen und sie wirksam inspirieren, aber sie sind diskret und lassen andere nicht merken, dass sie sie nutzen.

Missbräuche mit Natrium oder Alkaloiden und Lebensprototypen, die von den üblichen Strukturen abweichen, sind für Menschen, die unter dem Wasserelement geboren sind, sehr schädlich.

Die Einhaltung der Schlafzeiten, die Aufrechterhaltung einer entspannten geistigen und emotionalen Gesundheit und der Kontakt mit Wasser stellen Ihre Harmonie wieder her und optimieren Ihre Energien.

Diejenigen, die einem Wasserelementzeichen angehören, können Berufe ergreifen, die mit Holz und Feuer zu tun haben, und erfolgreich sein, Berufe ausüben, die mit ihrem eigenen Element zu tun haben, und Berufe, die mit Erde zu tun haben, ablehnen, da Erde das Wasser unterdrückt.

Kompatibilität und Inkompatibilität

Sie sind kompatibel:

Ratte - Drache - Affe.

Sie stehen in Beziehung zueinander durch ihre Persönlichkeiten, die stets aktiv und freundlich sind. Alle drei sind strebsam, ungeduldig, enthusiastisch und ruhelos und haben stets hohe Ziele vor Augen.

 Sie stecken voller Ideen, haben die Ausdauer und den Mut, sie umzusetzen, und bringen immer wieder innovative,

unerwartete, überraschende und
überzeugende Lösungen hervor.

Tiger - Pferd - Hund.

Sie sind durch die Zufriedenheit verbunden,
die sie empfinden, wenn sie
zusammenarbeiten. Sie sind durch ihre
Bescheidenheit, ihre Würde, ihre Ehrlichkeit
und ihren hartnäckigen Altruismus
miteinander verbunden. Einfühlsam,
scharfsinnig und kommunikativ, wenn auch
ein wenig gewalttätig und streng, kämpfen
sie energisch gegen Ungleichheiten, Gewalt
und Illegalität. Diese drei Zeichen verkaufen
niemals ihr Gewissen.

Ochse - Schlange - Hahn.

Diese drei Zeichen eint ihre Förmlichkeit,
ihre Vernunft und die Ernsthaftigkeit, die sie
in ihrem Leben erreichen. Sie sind
energisch, unternehmungslustig und

unermüdlich, unflexibel in ihren
Entschlüssen und überdenken und planen
gerne in Ruhe, bevor sie Verpflichtungen
eingehen, die sie später bereuen würden.

Ihr Mangel ist die Kälte, denn für sie muss
die Vernunft über die Gefühle siegen.

Hase - Ziege - Schwein.

Drei emotionale Zeichen, die auch durch
ihre Kreativität verbunden sind. Instinktiv,
anfällig, sensibel und zurückgezogen, passen
sie sich leicht an ihren Lebensraum an, und
als gute Profiteure haben sie nichts dagegen,
von anderen abhängig zu sein. Ihre täglichen
Affirmationen beinhalten immer die Worte:
Perfektion, Allianz und Konformität.

Hinweis: Gegenüberliegende Zeichen sind
gegenüberliegende Feinde:

Ratte -Pferd

Ochse - Ziege

Tiger - Affe

Hase - Hahn

Drache - Hund

Schlange - Schwein.

Merkmale von einer Ratte

Eigenschaften

Ratten sind schlaue Tiere. Sie wissen, wie sie Schwierigkeiten auf intelligente Weise überwinden können, auch wenn sie sich ständig in ihnen verfangen. Sie sind schlau, denn sie manipulieren einige Umstände zu ihrem Vorteil.

Sie sind gewalttätig, versuchen, ihre Ziele schnell zu erreichen, und konzentrieren sich darauf, ihr Ziel zu erreichen, auch wenn das bedeutet, dass sie anderen Leid zufügen oder sie quälen.

Bei der Arbeit werden sich Ihre Kollegen sehr hilflos fühlen, weil sie nicht in Ihrem

Tempo arbeiten können, und auch wenn es nicht Ihre Absicht ist, werden Sie sich viele Feinde machen. Sie werden versuchen, die wichtigsten Positionen in Ihrem Unternehmen zu erlangen. Nichts wird Sie aufhalten; Sie werden keine Skrupel haben, denn Ihr Erfolg hat Priorität.

Geld ist das Wichtigste in ihrem Leben, sie werden alles in Geld umwandeln, auch ihre künstlerischen Produktionen, da sie zur Kreativität neigen. Mit Freunden ist es auch möglich, Unstimmigkeiten wegen dieser Aggressivität, die sie charakterisiert zu finden.

In der Liebe haben Ratten kein Problem damit, ihre Zuneigung zu zeigen, obwohl sie eher impulsiv als romantisch sind. Wenn die andere Person ihre Zuneigung nicht erwidert, werden sie versuchen, sie mit allen Mitteln zu erhalten.

Obwohl sie sparsam sind, übt ihre Anziehungskraft eine immense Macht auf andere aus, weshalb es ihnen nie an Bewunderern mangeln wird. Ein Mensch mit dem Sternzeichen Ratte sieht zurückhaltend aus, ist es aber nicht. Die Person dieses Zeichens ist sehr gesellig und liebt Partys.

Ratten lieben ihre Freunde und ihre Familie und mischen sich oft in die Probleme anderer Leute ein.

Die Fähigkeit der Ratte zur Liebe wird nur noch von ihrer Schalkhaftigkeit und ihrer Anhänglichkeit an Geld übertroffen. Sie macht sich nie Gedanken darüber, ob sie jemanden ernähren muss, und erlaubt es ihrer Familie und ihren Freunden, bei ihr zu wohnen und bei ihr Unterstützung zu finden, denn die Vorsicht der Ratte wird es ihr immer leicht machen, einen Auftrag zu finden, damit sie die Miete bezahlen können.

Ratten wissen nicht, wie man Geheimnisse bewahrt, und wenn es um Vertraulichkeiten geht, sind sie nicht sehr ehrlich, und wenn sie die Informationen, die sie erhalten haben, verwenden müssen, können sie die Ausrutscher anderer Leute ausnutzen. Obwohl die Ratte mit ihren Gefühlen zurückhaltend ist, wird sie, wenn sie nervös ist, unverschämt, und da sie so dynamisch und fleißig ist, hasst sie Faulheit und Verschwendung. Zu ihren destruktiven Aspekten gehört, dass sie dazu neigt, Klatsch und Tratsch zuzugeben, zu tadeln, Vergleiche anzustellen, zu murmeln und zuzustimmen.

Ratten kaufen manchmal Dinge, die sie nicht brauchen, und lassen sich immer wieder von Rabatten täuschen. In ihrem Kopf und in ihrer Wohnung wird es immer eine Ansammlung von Erinnerungen und affektivem Gerümpel geben, die begrenzt ist. Sie haben einen scharfen Blick für triviale Dinge, ein großes Erinnerungsvermögen und sind außerordentlich neugierig.

Sie können gegen Schwierigkeiten ankämpfen und sind bei Konflikten gelassen. Sie handeln mit Verantwortung und Reife und sind scharfsinnig. Das Hindernis, dem sie oft begegnen, ist die Gier.

Die ehrgeizige Ratte muss mindestens einen komplizierten wirtschaftlichen Niedergang in ihrem Leben erleben, damit sie begreift, dass sich Geiz nicht auszahlt,

Die Ratte fühlt sich zu Menschen im Zeichen des Ochsen hingezogen, in denen sie Stärke, Vertrauen und Hingabe findet.

Kräftige Drachen sind auch mit der Ratte kompatibel. Sie finden Schlangen intelligent und attraktiv, mit denen sie vorteilhafte Partnerschaften eingehen. Da Autorität und Ausstrahlung hypnotisierend wirken, wird die Ratte immer dem unerschütterlichen Bann des Affen zum Opfer fallen und hat eine Ähnlichkeit mit

der Geschicklichkeit, mit der der Affe
handelt.

 Sie wird immer Konflikte mit dem Zeichen
des Pferdes haben, das zu autonom für die
Einzigartigkeit der Ratte ist. Ihre Beziehung
zum Hahn ist ebenfalls unklug, da sein
Idealismus den materialistischen Sinn der
Ratte verärgert.

Seine Beziehung zur Ziege ist
verhängnisvoll, denn mit seinem Glück
würde er die Ersparnisse vergeuden, die
durch die Bemühungen der Ratte
zusammengekommen sind.

Merkmale der Ratte nach ihrem Element

Ratte

Holzratte

Waldratten sind in der Kindheit arm, im mittleren Alter jedoch gut genährt und gepflegt.

Männer können ein freies Leben führen, aber aufgrund von Problemen mit ihrer Familie und Konflikten mit Geschwistern einige belastende Erfahrungen machen.

Frauen sind vorbildlich und intelligent, sowohl in ihrem Beruf als auch in ihrem Familienleben.

Die Waldratte kommt in Beziehungen zu mächtigen Menschen nicht gut zurecht, obwohl sie für ihren Sinn für Freiheit sehr verehrt wird, was sowohl Positive als auch negative Folgen hat. Die negativen Folgen sind, dass sie wahrscheinlich keine Beförderung erhalten werden.

 Der positive Effekt ist, dass sie ein ausgeglichenes Familienleben führen können, ohne sich um Nahrung und Kleidung sorgen zu müssen.

Sie sind immer gut über die Vorschriften informiert, folgen traditionellen Integritätsmodellen und haben einen spektakulären Sinn für Teamarbeit, kommen gut mit ihren Mitmenschen aus, auch wenn sie manchmal ein egoistisches Bild abgeben.

Sie haben eine charmante Art, jeden zu behandeln, den sie auf ihrem Weg treffen, und sind bereit, anderen zu dienen und zu helfen, ohne eine Gegenleistung zu verlangen.

Sie haben stabile Werte und setzen ihre Taktik mit Fügsamkeit ein, um ihre Ziele zu erreichen.

Sie lieben es, sich beschützt zu fühlen, aber sie werden oft von einem Schock der Angst heimgesucht, weshalb sie jeden Tag ihres Lebens hart arbeiten.

Feuerratte

Feuerratten sind ungeheuer stark und mutig, um sich jedem Problem oder jeder Eventualität zu stellen.

Sie sind freundlich und loyal gegenüber ihren Freunden, aber streng mit sich selbst. Sie haben eine scharfe Zunge; daher können sie andere Menschen oft in Verlegenheit bringen. Sie sind schweigsam, aber sie sagen unverblümt, was sie wissen, wenn sie sprechen können.

Sie haben eine tiefe Verbundenheit mit ihren Eltern, sind liebevoll zu ihren Geschwistern und legen unendlichen Wert auf ihre Familie. Sie sind bereit, sich ein Leben lang darum zu bemühen, dass ihre Lieben in Wohlstand leben.

Sie verlieben sich blind und sind bereit, alles für ihren Partner zu tun, ohne sich zu beschweren, auch wenn die Liebe willkürlich ist.

Die Feuerratte ist kreativ und energiegeladen, bereit, jedes Projekt zu vollenden, vor allem ein innovatives und attraktives Projekt.

 Sie hat eine aufschlussreiche und überraschende Mentalität, die Fähigkeit, schlüssige Prognosen zu erstellen, und macht dank ihrer Untersuchungen immer wieder große Entdeckungen.

Ihr Talent, in jedem Lebensraum zu bestehen, die richtigen Lösungen zu finden und Ziele zu setzen, gibt ihnen Sicherheit für die Zukunft.

Wenn diese Ratte ihre Neigung zu Rechtsstreitigkeiten und Klatsch überwinden würde, wäre ein friedliches und beständiges Leben garantiert.

Diese schelmische und aktive Ratte ist fasziniert von der Teilnahme an allen möglichen Veranstaltungen und kämpft gerne für Gleichberechtigung und ein gesundes Leben. Sie werden von der Erforschung und modischen Kleidung angezogen.

Sie sind freimütig, aber von Natur aus provokativ. Allerdings sind sie die großzügigsten aller Ratten.

Obwohl sie unternehmungslustig und uneigennützig sind, versuchen sie nicht, große Gerissenheit an den Tag zu legen und dramatisieren bisweilen im Kampf um Ruhm.

Erdratte

Erdratten sind herzlich, würdevoll, tolerant, bescheiden und fähig. Sie sind sehr förmlich bei der Arbeit und werden immer für ihre guten Verbindungen unterstützt.

Sie haben ein tief verwurzeltes Selbstwertgefühl, und manchmal werden sie von ihren neuen Freunden missverstanden, was sich jedoch später in stabile Freundschaften verwandelt, wenn der Irrtum aufgeklärt wird.

In ihrem Beruf sollten sie mehr studieren, damit sie Vorteile daraus ziehen können. Sie sollten sich mehr um ihre Familie kümmern, anstatt an so vielen gesellschaftlichen

Veranstaltungen teilzunehmen, nur so
können sie ihre eheliche Bindung stärken.

Ihre Unzulänglichkeiten werden durch ihre
zahllosen Qualitäten kaschiert, daher wird
sie geschätzt, gewürdigt und verehrt. Diese
Ratte wird sich für den schwierigeren, aber
sichereren Weg entscheiden.

Die Ungewissheit lässt sie manchmal
Entscheidungen hinauszögern, so dass sie
manchmal große Missgeschicke erleidet.
Der Erdratte fehlt es an Kühnheit und
Effizienz.

Eine Erdratte ist vernünftig, und Glück wird
mit Disziplin gelebt. Sie ist ausgeglichen
und unverwundbar gegenüber falschen
Erwartungen.

Sie sind immer diplomatisch und loyal
gegenüber Freunden, und ihre
Freundschaften halten lange. Die Ratte hat
eine unglaubliche Konzentrationsfähigkeit
und ist daran gewöhnt, ihre Arbeit
gewissenhaft zu erledigen.

Zu ihren Unzulänglichkeiten gehört, dass sie sich manchmal mehr auf das Ergebnis konzentriert, dass sie glaubt, alles richtig zu machen, und nicht auf andere achtet, vor allem, wenn sie es eilig hat, die Arbeit zu beenden, und alles genau so sein soll, wie sie sagt.

Diese Ratte ist sehr unruhig, wenn es um ihre Beliebtheit geht, aber sie ist zärtlich und hilft ihren Verwandten immer.

Sie hat hohe materielle Ansprüche und vergleicht ihren Verdienst stets mit dem ihrer Freunde. Sie ist oft übertrieben und ehrgeizig nach Geld. Die Erdratte hasst es, Risiken einzugehen und verpasst deshalb gute Gelegenheiten.

Metall-Ratte

Die Metallratte ist intelligent und eifersüchtig, und sie macht immer nur halbe Sachen. Sie sind bemerkenswert nah an ihren Eltern und Geschwistern und sind scharfsinnig und subtil.

Sie haben ein außerordentlich ausgeprägtes Gewissen, erkennen aber nie ihre Fehler. Sie sind übermäßig sensibel und messen ihren subjektiven Erfahrungen große Bedeutung bei.

Die Metallratte mag es, von anderen gesehen zu werden. Sie sind kommunikativ und haben eine angeborene Fähigkeit, andere zu überzeugen, und ihre Anmut täuscht über ihre Eifersucht hinweg.

Sie vergöttern Geld, sind aber nicht so gut darin, es zu sparen wie die Ratten der anderen Elemente. Sie wären erfolgreicher, wenn sie ihren Besitzinstinkt kontrollieren würden.

Die Metallratte ist sehr aufrichtig und exklusiv. Sie ist jederzeit bereit zu arbeiten. Es lohnt sich nicht, mit ihr zu streiten, denn ihre Kriterien sind sehr solide.

Dieser Prototyp der Ratten ist idealistisch, aber sie sind emotional. Manchmal können sie ihre Emotionen verbergen, indem sie Freundlichkeit und Höflichkeit zeigen. Sie sind oft misstrauisch und materialistisch, und kämpfen, um eine positive Bewertung von den Menschen um sie herum zu erwerben.

Metall Rats sind Geldliebhaber, aber sie sind nicht geizig, sie sind nicht daran interessiert, eine beträchtliche Geldsumme für etwas zu verschwenden, das sie für wertvoll und qualitativ hochwertig halten.

Metallratten sind sehr geschickt im Anlegen von Geld.

Die Wohnung der Metallratte wird immer luxuriös eingerichtet sein. Sie haben oft einen exklusiven Geschmack und schätzen Tradition und Pracht.

Wenn die Metallratte ihre Qualitäten einsetzt, wird sie bei anderen beliebt sein und Liebe erfahren.

Die Metallratte wird sich beharrlich in einflussreiche Kreise integrieren.

Wasserratte

Wasser steht für Leben und Fruchtbarkeit, aber es manifestiert sich auch in Form von Eis, das eine tödliche Kälte ausstrahlt.

Wenn die phlegmatische Wasserseite der Wasserratte überwiegt, werden sie kalt und rücksichtslos. Sie haben fast keinen Enthusiasmus, weil sie berechnend sind. Diese Ratte ist launisch, wenn sie mit anderen Menschen zu tun hat.

Der besonnene und ruhige Charakter dieser Rattenart ermöglicht es ihnen, die Freundschaft der Menschen in ihrer Umgebung zu gewinnen. Eine wunderbare Fähigkeit dieser Ratte ist ihre Fähigkeit, jeden Angreifer zu beruhigen und gefährliche Szenarien zu verhindern. Dies macht die Ratte nicht ängstlich und gewalttätig.

Diese Ratten sind in jedem Beruf zu finden, da sie vor Problemen und Schwierigkeiten, die sich ihnen in den Weg stellen, nicht zurückschrecken. Sie sind kaltblütig und schützen die sozialen Interessen der Öffentlichkeit sowie ihre eigenen Interessen und Motivationen.

Wasserratten müssen lernen, sich schneller zu entscheiden, denn nur so kann die Mauer aus Eis, mit der sie sich oft schützen, durchbrochen werden. Deshalb ist der Kampf darum, anderen ihr wahres Wesen zu zeigen, eine Anstrengung wert, die sich lohnt. Außerdem können Sie durch Ihre Ernsthaftigkeit, Präzision und Klarheit leicht davon überzeugen, dass Sie eine Anpassung vorgenommen haben.

Eine angeborene Begabung und ein scharfer
Fokus sowie eine enthusiastische Sehnsucht
nach Unterscheidungsvermögen machen
diese Linie der Ratten zu den
einsichtsvollsten unter den anderen
Individuen.

Allgemeine Vorhersagen für 2024

Ratte

In diesem Jahr 2024 hat die Ratte besonders gute Aussichten in ihrem Beruf, weil sie Gewinne erzielen kann. Wenn Sie einen stabilen Arbeitsplatz haben, werden Sie ein gutes Einkommen erzielen und die Chance auf eine Gehaltserhöhung haben. Wenn Ihnen die Möglichkeit geboten wird, Ihren Arbeitsplatz zu wechseln, sollten Sie darüber nachdenken, bevor Sie sich entscheiden. Beobachten und analysieren Sie, bevor Sie einen Schritt tun. Wenn Ihre Intuition Ihnen sagt, dass die neue Stelle

Ihnen helfen wird, Ihre beruflichen Ziele zu erreichen, nehmen Sie die Herausforderung an.

Die Ratte hat im Jahr 2024 gute Aufstiegschancen, denn Drachenjahre bieten immer viele finanzielle und berufliche Möglichkeiten.

Da Ratten so einfallsreich sind, können sie zusätzliches Geld verdienen und Kontakte zu einflussreichen Menschen knüpfen. Geschäftsreisen und Studien können sich für dieses fleißige Sternzeichen auszahlen.

Für selbständige Ratten oder Unternehmer können sich harte Arbeit und strategische Ideen auszahlen und ihnen helfen, ihr Unternehmen voranzubringen.

Im Jahr des Drachen geht es darum, Netzwerke zu erweitern und wertvolle Verbindungen zu knüpfen. Ratten können mit einflussreichen Menschen in Verbindung treten und vorteilhafte

Partnerschaften eingehen, die Türen zu neuen Möglichkeiten öffnen werden.

Sie sollten mit der Unaufrichtigkeit von Arbeitskollegen äußerst vorsichtig sein, wenn sie in Streitigkeiten oder rechtliche Probleme geraten, können Sie einen Rechtsstreit verlieren.

Es ist besser, Konflikte zu vermeiden, um unangenehme Überraschungen zu vermeiden.

Es wird Zeiten geben, in denen Sie viel Geld verdienen werden, aber Sie sollten vorsichtig sein mit impulsiven Ausgaben und nicht investieren, ohne den Markt zu studieren.

Die Energien des Holzdrachen sind außerordentlich stark und können Herausforderungen mit sich bringen. Ratten können vermehrt Stress erleben, daher ist es wichtig, ausgeglichen zu bleiben. Ratten werden im Jahr 2024 eine persönliche

Transformation erleben, die sie zu einem tieferen Verständnis ihrer Lebensaufgabe führen wird.

Die Aussichten in der Liebe sind günstig; Sie haben viele Gelegenheiten, sich auszutauschen und neue Beziehungen aufzubauen. Wenn Sie alleinstehend sind, besteht in Ihrem Arbeitskreis die Möglichkeit, Ihren Seelenverwandten zu finden.

Ratten werden ein stabiles Liebesleben genießen können, ob sie nun einen festen Partner haben oder nicht. Diejenigen, die bereits verlobt sind, könnten beschließen, ihre Familie zu erweitern.

Sie sollten auf Ihre Nieren und Ihr Harnsystem achten. Es ist wichtig, Zeit für Bewegung zu finden. Mehr Aktivitäten im Freien, Spazierengehen, Joggen oder Radfahren sind gute Möglichkeiten.

Sie sollten das Sonnenlicht nutzen, um Ihre Gesundheit zu verbessern. Die wichtigste

Quelle für Vitamin D ist die Sonneneinstrahlung.

Sie sollten Ihr Gesicht und Ihre Hände täglich 5 bis 10 Minuten der Sonne aussetzen, damit Sie den Vitamin-D-Spiegel in Ihrem Körper erhöhen können.

Feng-Shui 2024

Im Jahr des Drachen sollten Sie Perlenarmbänder oder Armreifen tragen.

Sie sollten ein Amulett mit einer Drachenfigur oder ein Feng-Shui-Glücks-Windspiel mit Kristallen aufstellen und es im Südosten Ihres Hauses oder im Familienbereich Ihres Schlafzimmers oder Büros platzieren.

Vergessen Sie nicht, Ihre Wohnung mit Grünpflanzen, Naturblumen in verschiedenen Farben, Fotos, Bildern oder Darstellungen zu dekorieren, die Landschaften und Gärten charakterisieren.

Sie sollten auch hölzerne Dekorationen verwenden und keine Fotos von verstorbenen Familienmitgliedern neben den aktuellen Familienfotos aufstellen, da die Schwingung dieser Fotos schmerzhaft ist und Ihnen Energie raubt.

Das chinesische Neujahrsfest hat viele Traditionen, um das Alte zu verabschieden und Platz für das Neue zu machen. Eine Tradition, die wir empfehlen, ist, am ersten Tag des chinesischen Mondneujahrs nicht in der heimischen Küche zu kochen, da es Unglück bringt, scharfe Instrumente wie Messer herauszunehmen. Dies kann das Glück für den Rest des Jahres schmälern.

Die ersten 15 Tage des chinesischen Neujahrsfestes werden gefeiert, und obwohl es stimmt, dass uns manchmal die Zeit dazu fehlt, ist es ratsam, sich im Voraus darauf vorzubereiten.

Wenn Sie es schaffen, im Voraus vorbereitet zu sein, wird dies Ihnen helfen, Wohlstand anzuziehen. Beginnen Sie in diesem Jahr zwei Tage vor dem chinesischen

Neujahrsfest, also am Donnerstag, dem 8. Februar 2024, mit einer gründlichen Reinigung Ihres Hauses. Vergessen Sie nicht, dass es Unglück bringt, am ersten Tag des neuen Jahres zu putzen, weil Sie damit Ihr ganzes Glück aus der Haustür fegen würden.

Am Abend vor dem chinesischen Neujahrsfest, am Freitag, dem 9. Februar 2024, sollten Sie alle Ihre Ziele für das Jahr planen und aufschreiben, falls Sie dies nicht schon am 1. Januar getan haben.

Schreiben Sie nach dem Neumond am Freitag, den 09.02.2024 um 17:58 Uhr EST absolut alle Ihre Wünsche auf. Welche Ziele wollen Sie in Ihrem Berufsleben, in Ihrem Finanzbereich, in Ihrem Liebesleben und in Ihrem Familienleben erreichen? Schreiben Sie eine Liste für jeden Bereich Ihres Lebens, den Sie verbessern möchten.

Wenn du eine Holztruhe kaufen kannst, wäre das ideal, denn darin kannst du deinen

Wunschzettel zusammen mit einem Pyrit
quarz und einem Citrin aufbewahren, die als
Steine bekannt sind, die Wohlstand und
Fülle anziehen.

Legen Sie drei chinesische Münzen in die
Truhe, denn sie sind traditionelle Symbole
des Reichtums.

Alles, was Sie in diese Truhe legen werden,
wird Ihre Wünsche schützen und die
Wohlstandsenergien verstärken.

Sie sollten diese Truhe an einem besonderen
und sicheren Ort aufbewahren, am besten an
einem hoch gelegenen Ort, denn so können
Sie positive Energien von einer prominenten
Stelle aus anziehen.

Vergessen Sie nicht, neue Kleidung zu
tragen, denn sie steht für die neuen
Energien, die Sie in Ihr Leben holen wollen.
Sie sollten einige rote Details tragen.

Versuchen Sie insbesondere am
Neujahrstag, sich nicht aufzuregen, wenn

möglich, nehmen Sie sich an diesem Tag frei, damit Sie keine Angst vor dem Verkehr oder Sorgen haben.

Denken Sie daran, auf den Markt zu gehen und eine Tüte Orangen zu kaufen, denn das symbolisiert den Eintritt von Wohlstand in Ihr Haus im neuen Jahr.

Tipps für das Jahr 2024

Dies ist ein spektakuläres Jahr für Ihr persönliches Wachstum, deshalb sollten Sie die sich bietenden Gelegenheiten nutzen und nicht nur Ihre Fähigkeiten ausbauen, sondern auch neue erlernen.

Alles, was Sie in diesem Jahr 2024 tun, wird eine Investition in Ihre Zukunft sein. Es wird ein furchtbar arbeitsreiches Jahr sein, aber die Energien sind ermutigend, denn das Jahr des Drachen wird Ihnen die Gelegenheit geben, die Sie brauchen, um erfolgreich zu sein. Um davon zu profitieren, müssen Sie sich jedoch über alle Optionen, die Ihnen zur

Verfügung stehen, beraten lassen und alle Möglichkeiten analysieren.

Sie müssen aufmerksam sein und bereit, sich alle Ratschläge und Hilfen anzuhören. Mit Willenskraft und Initiative werden sich neue Türen für Sie öffnen.

In diesem Jahr des Drachen gibt es viel zu lernen, aber wenn Sie die Herausforderung annehmen, können Sie nicht nur in Ihrem Beruf vorankommen und Ihr Einkommen steigern, sondern auch wertvolle Erfahrungen sammeln.

Im Jahr des Drachen werden Sie sich nicht nur an größeren finanziellen Gewinnen erfreuen, sondern mit Ihrer unternehmerischen Natur auch ein Hobby finden, das Ihnen Wohlbefinden bringt.

Allerdings müssen Sie bei Ihren Ausgaben diszipliniert vorgehen und Ihr Budget sorgfältig planen, vor allem, wenn Sie an außergewöhnlich umfangreichen Transaktionen teilnehmen.

Wenn Sie im Laufe des Jahres Verträge unterzeichnen oder wichtige Vereinbarungen treffen müssen, sollten Sie die Bedingungen und alle Auswirkungen prüfen.

Um Ihre beste Leistung zu erbringen, sollten Sie einen ausgewogenen Lebensstil pflegen, Sport treiben, Ihren Schlafrhythmus einhalten und sich gesund ernähren. Es wird von Vorteil sein, wenn Sie neue Freunde finden.

Im Jahr des Drachen kann das Leben geheimnisvoll wirken und zufällige Ereignisse anziehen, die Ihnen viele Möglichkeiten eröffnen. Der Zufall spielt in diesem Jahr eine Schlüsselrolle in Ihrem Leben und verändert Ihre wirtschaftliche Situation. Ab Mai wird es eine Menge sozialer Aktivitäten geben, und Sie werden viel Spaß haben können.

Es wird ein lohnendes Jahr sein, in dem es Entscheidungen zu treffen, Anschaffungen zu tätigen und Vergnügungen zu genießen gilt. Diejenigen, die einen Partner haben, werden feststellen, dass sie gemeinsam mehr Erfolge erzielen.

Es ist ein Jahr, in dem die Fähigkeit, Gelegenheiten wahrzunehmen, viele Vorteile bringen wird. Das Jahr des Drachen hat ein enormes Potenzial, also bleiben Sie offen für Gelegenheiten und seien Sie bereit für Veränderungen und Anpassungen. Das Jahr des Drachen wird Unternehmer belohnen.

Dies ist ein Jahr der Chancen für die Ratten. Ratten, die von ihrem Fortschritt enttäuscht waren. Im Jahr des Drachen werden sich die erhofften Gelegenheiten ergeben, und bereits etablierte Ratten haben die Chance, ihren Beruf auf eine neue Stufe zu heben, indem sie befördert werden oder spezielle Aufgaben übernehmen oder ihre Fähigkeiten auf andere Weise einsetzen können.

Alles, was im Laufe des Jahres geschieht, kann für die Ratte eine interessante Abwechslung sein und ihr den Anreiz geben, der ihr in den letzten Jahren vielleicht gefehlt hat. Ratten, die sich an ihrem jetzigen Platz eingeschränkt fühlen, sollten mehr Möglichkeiten ausloten, denn dies ist das Jahr der Tat, und mit ihrem Einfallsreichtum wird es ihnen gelingen, einen idealen Arbeitsplatz zu finden.

Die Ratte weiß, dass sie viel zu bieten hat, und mit ihrer Geduld, ihrem Selbstvertrauen und ihrer Entschlossenheit wird sie erfolgreich sein.

Kombination der Tierkreiszeichen mit dem chinesischen Horoskop

Wenn man östliche und westliche Horoskope kombiniert, ist es erstaunlich, wie sehr sie miteinander verbunden und genau sind.

Chinesische und westliche Horoskope sind die am häufigsten verwendeten Horoskope. Wenn Sie die Möglichkeit haben, sie gründlich zu verstehen, wird es für Sie einfacher sein, sie zu nutzen und einen zentralen Ansatz zu haben.

Beide Horoskope basieren auf der Position der Sterne, aber im chinesischen Horoskop werden 28 Konstellationen verwendet, im westlichen Horoskop 88.

Beide haben 12 wesentliche Segmentierungen. Das chinesische Horoskop basiert auf 12 Tieren, die jedes Jahr regieren, und das westliche Horoskop basiert auf 12 Zeichen, die jeden Monat regieren.

Das chinesische Horoskop basiert auf dem Mondkalender und ist das älteste bis heute bekanntes Horoskop. Ihr Tierkreiszeichen stimmt mit Ihrem Zeichen im chinesischen Horoskop überein, aber das kommt nicht oft vor. Wenn das der Fall wäre, wären die Vorhersagen genauer.

Zwischen den Zeichen beider Horoskope besteht eine Gleichwertigkeit:

Widder/Drache.

Stier/Serpent.

Zwillinge/Pferd.

Krebs/ Ziege.

Löwe / Affe.

Jungfrau/Hahn.

Waage / Hund.

Skorpion / Schwein.

Schütze / Ratte.

Steinbock/Ochse.

Wassermann/Tiger.

 Fische / Hase.

Kombinationen

Ratte

Widder/Ratte

Die Verschmelzung dieser Zeichen führt zu einer Persönlichkeit, die ihrem Wesen nach einzigartig ist. Die Besessenheit und Leidenschaft des Widders werden durch die Vorsicht und Wahrnehmung der Ratte abgefedert.

Der Mensch mit dieser Kombination ist scharfsinnig, scharfsinnig und umgänglich. Er hat immer Strategien, um jede Situation zu lösen und wird kaum von den Hindernissen des Lebens überrascht.

Er ist kein Feigling und mag Herausforderungen, die er mit Leichtigkeit meistert. Dieser Mensch ist bewundernswert, weil er es versteht, in jeder Situation zu improvisieren und sich auf einen starken Willen zu verlassen.

Stier/Ratte

Die Mischung diese beiden Stiere/Ratte-Zeichen ist vorteilhaft, sie sind gute Freunde und haben einen Optimismus, der bis in den Himmel reicht. Sie sind sehr ehrlich und umgänglich und zeichnen sich durch ihr Taktgefühl in Gesprächen aus.

Die Gewissheit des Zeichens Stier in Verbindung mit der Reizbarkeit der Ratte ist eine hervorragende Kombination, denn sie ergibt einen einzigartigen Magnetismus. Sie sind sehr sparsam und stehen immer mit beiden Beinen auf dem Boden. Ihre Persönlichkeit ist enthusiastisch, und sie wissen, wie man loyal ist.

Zwillinge /Ratte

Die Mischung dieser beiden Zeichen ergibt eine sehr fröhliche Person, da sie Abenteuer und Risiken liebt. Sie sind immer gerne beschäftigt und verschwenden keine Zeit mit Belanglosigkeiten. Sie passen sich leicht an jede Umgebung an und hassen es, allein zu sein.

Die Vitalität der Ratte kombiniert mit der Vielseitigkeit der Zwillinge ergibt eine sehr neugierige Person. Manchmal erreichen sie ihre Ziele nicht, weil sie zu viel Energie in den Beginn eines Plans stecken.

Krebs/Ratte

Die Mischung dieser beiden Krebs-/Rattenzeichen ergibt jemanden, der übermäßig sensibel ist und immer Träume und Ziele hat. Sie sind sehr wählerisch mit ihren Freundschaften, haben aber einen guten Sinn für Humor.

Ihr Verstand ist sehr empfindsam und scharfsinnig und sie können in jeder Situation auf subtile Weise alle Details beobachten. Mit einer solch starken Intuition entscheiden sie immer richtig. Sie wissen sehr gut, wie sie ihre Ziele erreichen können, weil sie sich nie unmögliche Ziele setzen. Obwohl sie Träumer sind, halten sie immer an ihren Ideen fest.

Löwe/Ratte

Die Mischung dieser beiden Zeichen Löwe/Ratte ergibt eine Person, die sehr egozentrisch ist und immer beweisen muss, dass sie die Beste ist. Sie lieben es, in Machtpositionen zu sein, und setzen alles daran, ihre Autorität zu demonstrieren.

Manchmal zwingt die geheimnisvolle Ratte den Löwen dazu, ein Einsiedler zu sein und zu schweigen. Dies ist eine sehr widersprüchliche Kombination. Oft ist die Ratte/Löwe-Person unglaublich berühmt, und ihre Figur bleibt nie unbemerkt. Jeder fühlt sich von ihrer Ausstrahlung angezogen und möchte dieser Person nahe sein.

Jungfrau/ Ratte

Die Mischung aus diesen beiden Zeichen ist charakteristisch für mutige Menschen, die leidenschaftlich an ihre Einfachheit glauben. Sie sind nicht ängstlich, sie sind einfühlsam, höflich und mäßig im Ausdruck ihrer Gefühle.

Sie sind sehr elegant und legen großen Wert auf ihr persönliches Erscheinungsbild. Sie sind unversöhnlich mit den Fehlern anderer und verabscheuen Menschen, die nicht danach streben, ihre Ziele zu erfüllen.

Waage /Ratte

Die Kombination Waage/Ratte führt zu sehr angenehmen, sanften Menschen. Ihr

Verhalten ist höflich, und sie sind sehr taktvoll in ihrem Umgang mit anderen.

Du kannst ihnen vertrauen, denn sie werden dich nie im Stich lassen. Das Taktgefühl der Waage, kombiniert mit der Attraktivität der Ratte, verleiht diesen Menschen eine besondere Ausstrahlung.

Sie sind charmante Menschen, die unweigerlich die Aufmerksamkeit auf sich ziehen. Die Kommunikation mit diesen Menschen hinterlässt immer ein sehr angenehmes Gefühl. Sie sind sehr vernünftig und praktisch; mit ihrer Weisheit werden sie Ihnen die besten Ratschläge geben.

Skorpion/ Ratte
Diese Kombination führt zu Menschen, die Mut haben und Respekt einflößen. Der Skorpion ist ein sehr manipulatives und kontrollierendes Zeichen, aber mit der Weisheit der Ratte sind sie unzerstörbar

gegenüber jedem gegnerischen Feind. Sie haben ein untrügliches Gespür dafür, wer ist, sie haben einen unzerbrechlichen Willen und für sie gibt es das Wort "unmöglich" im Wörterbuch nicht.

Sie handeln immer sehr schnell, denn sie haben Entscheidungsbefugnis und verschwenden ihre Zeit nicht mit unnötigen Dingen.

Schütze/Ratte

Die Kombination Schütze/Ratte führt zu Menschen mit viel Energie und Vitalität, die es jedoch eilig haben, ihr Leben zu leben. Das sind die Menschen, denen 24 Stunden am Tag nicht ausreichen, um alle ihre Ziele zu erreichen. Sie sind immer glücklich und beschweren sich nie über irgendetwas. Die Unbeständigkeit des Schützen perfektioniert den Fleiß der Ratte und führt dazu, dass sie Routine nicht mag.

Sie sind übermäßig optimistisch und stehen fest zu ihren Ideen. Sie nutzen ihren Verstand, um ihre Probleme zu lösen und können die besten Ratschläge geben.

Steinbock/Ratte

Die Kombination Steinbock/Ratte ergibt eine Person, die ihr Ansehen zu wahren weiß und sich nie in Klatsch und Tratsch verwickelt.

Sie haben viel Würde und bemühen sich immer, den richtigen Eindruck zu machen. Die Gelassenheit des Steinbocks gleicht den Elan der Ratte voll aus. Sie sind nüchtern und wissen, wie sie ihre Gefühle kontrollieren können. Sie sind höflich, intelligent und wissen, wie man sich in jedem sozialen Umfeld zu verhalten hat.

Wassermann/ Ratte

Die Kombination Wassermann/Ratte bringt Menschen hervor, die eine unglaubliche Fantasie haben und sich nie langweilen. Die Extravaganz des Wassermanns, kombiniert mit der Vorsicht der Ratte, ergibt ein sehr eigenartiges Temperament. Diese Menschen sind zwar freundlich, aber manchmal auch starrköpfig. Sie sind ewige Liebhaber und Beschützer ihrer Freiheit, einfühlsam und mit einem hohen künstlerischen Potenzial.

Fische/Ratte

Diese Kombination führt zu ruhelosen und sensiblen Menschen. Die Ratte verleiht ihnen die Fähigkeit, ihren Verstand rational einzusetzen, und sie lassen sich von Schwierigkeiten nicht entmutigen. Obwohl diese Menschen manchmal Momente der Krise haben, in denen sie zerbrechlich werden, sind sie freundlich und sogar zurückhaltend. Sie sind sehr aufnahmefähig und handeln mit Vorsicht, um keine Unvorsichtigkeit zu begehen. Sie dulden keine Faulheit und Ungerechtigkeit.

Ritual zur Eröffnung des chinesischen Neujahrs 2024

Das chinesische Neujahrsfest sollte mit Freude, Musik und einem üppigen Familienessen begrüßt werden. Es ist eine Zeit, in der man feiert und sich auf Glück und Wohlstand für das kommende Jahr konzentriert. **Man sollte** neue Kleidung tragen, denn sie symbolisiert einen Neuanfang.

Eine klangvolle Farbe wie Rot, die für Harmonie, Glück und Wohlbefinden steht, ist für diesen Tag ideal. Vermeiden Sie es, in

der Silvesternacht Weiß oder Schwarz zu
tragen, da dies die Farben sind, die man
normalerweise zu Beerdigungen trägt.

Um sich auf das chinesische Neujahr
vorzubereiten, ist es sinnvoll, eine
Reinigung in Form eines Rituals
durchzuführen. Diese Reinigung soll böse
Geister abwehren, die sich vielleicht in den
Ecken des Hauses verstecken.
Normalerweise werden die Möbel
ausgetauscht oder umgestellt, die Farbe im
Haus ausgebessert, Schäden repariert und
die Fenster mit reichlich Wasser gewaschen.

Energetisches Reinigungsritual

Am selben Abend, vor dem Jahreswechsel, sollten Sie Ihr Haus putzen, alle Fenster zum Lüften öffnen und weiße und rote Blumen in allen Gemeinschaftsbereichen Ihres Hauses aufstellen.

Speziell am Eingang sollten Sie Zimt, Sandelholz, Eukalyptus oder Lavendel räuchern oder Lorbeerblätter verbrennen.

Lorbeer ist eine Pflanze, die schützen, reinigen und heilen kann. Eine weitere Möglichkeit, positive Energien in Ihr Haus zu holen, ist die Kombination von Zimt und Lorbeerblättern. Verbrennen Sie Lorbeerblätter und bestreuen Sie sie mit Zimtpulver. Wenn diese Mischung angezündet ist, verteilen Sie den Rauch in den Räumen Ihres Hauses.

Man muss das Haus gut räuchern. Räuchern ist das Erzeugen von Rauch, das Verwenden von Weihrauch, um die Umgebung zu aromatisieren und als Instrument der Reinigung und Säuberung zu nutzen.

Ihre Besonderheit ist, dass sie einen angenehmen Duft verströmen, dem entspannende Eigenschaften zugeschrieben werden. Viele Menschen verwenden Räucherstäbchen, um die energetischen Schwingungen in ihrem Haus zu verändern.

Wenn Sie ein Räucherstäbchen haben, das Sie im ganzen Haus verteilen wollen, denken Sie daran, kreisende Bewegungen nach rechts zu machen.

Wenn Sie einen persönlichen Bereich reinigen wollen, sollten Sie mit Ihrem eigenen Körper beginnen, von den Füßen bis zum Kopf, und dann zum Herzen zurückkehren, wobei Sie immer leichte Kreise ziehen.

Da dies das Jahr des Grünen Holzdrachen ist, ist es ratsam, ein Paar Holzdrachen in Ihrem Haus zu haben. Wenn Sie diese Möglichkeit nicht haben, können Sie sie mit Bildern, Porträts oder Figuren symbolisieren.

Eine weitere Empfehlung für das Jahr 2024 ist, einige Wände Ihres Hauses grün zu streichen. Diese Farbe symbolisiert Wohlstand für dieses Jahr.

Übersättigen Sie Ihr Haus nicht mit Grün, sondern achten Sie auf ein Gleichgewicht. Wenn Sie es mit dem Grün übertreiben, werden Sie Stress in Ihr Leben ziehen.

Eine Möglichkeit oder Option ist es, sie mit Ihnen zu tragen, als Armband, Anhänger Ohrringe, Pendel, Schläfer, auf einem Ring, Schlüsselanhänger oder Talisman in der Tasche oder Handtasche, wird dies eine Assoziation von Reichtum, Schutz und viel

Glück in Ihrem Leben, zu Hause oder im Büro bilden.

Wenn Sie einige Pflanzen wie Lavendel, Raute oder die Geldpflanze kaufen können, die die Fähigkeit haben, Fülle zu erzeugen, zusätzlich zu ihrer Kraft, schlechte Schwingungen zu vertreiben und umzuwandeln, werden Sie es nicht bereuen.

Da Wasser das Element ist, das das Holz ergänzt, wird ein Wasserbrunnen am Eingang Ihres Hauses Wohlstand anziehen.

 Vergessen Sie nicht, dass das Wasser nach innen fließen sollte. Wenn Sie einen Wasserbrunnen im Wohlstandsbereich Ihres Hauses aufstellen, auf der linken Seite, auf der Rückseite, von der Eingangstür aus gesehen, werden Sie viele materielle Vorteile haben.

Zusammen mit Grün ist Rot die Glücksfarbe für das Jahr 2024, du solltest sie in deinem Haus verwenden, um die Energien des Glücks zu aktivieren. Sie können Rot auf

Ihrer Kleidung oder mit einem anderen Kleidungsstück wie einem Schal, einer Mütze oder einem Armband tragen, damit Sie Geld anziehen können.

Über den Autor

Zusätzlich zu ihren astrologischen Kenntnissen verfügt Alina A. Rubi über eine umfangreiche berufliche Ausbildung; sie hat Zertifizierungen in Psychologie, Hypnose, Reiki, bioenergetischer Kristallheilung, Engelsheilung, Traumdeutung und ist spirituelle Lehrerin.

Sie verfügt über Kenntnisse in der Edelsteinkunde, mit denen sie Steine oder Mineralien programmieren und in mächtige Amulette oder Schutztalismane verwandeln kann.

Ruby hat einen praktischen und zielgerichteten Charakter, der es ihr ermöglicht hat, eine besondere und integrative Vision von mehreren Welten zu haben, die Lösungen für spezifische Probleme ermöglicht.

Alina schreibt die Monatshoroskope für die Website der American Asociation of

Astrologers; Sie können sie unter
www.astrologers.com lesen. Zurzeit schreibt
sie eine wöchentliche Kolumne in der
Zeitung El Nuevo Herald über spirituelle
Themen, die jeden Freitag in digitaler Form
und montags in gedruckter Form erscheint.
Er hat auch ein Programm und ein
wöchentliches Horoskop auf dem YouTube-
Kanal dieser Zeitung. Ihr Astrologisches
Jahrbuch wird jedes Jahr in der Zeitung
"Diario las Américas" in der Rubrik Rubi
Astrologa veröffentlicht.

Rubi hat mehrere Artikel über Astrologie für
die Monatszeitschrift "Today's Astrologer"
verfasst und Kurse in Astrologie, Tarot,
Handlesen, Kristallheilung und Esoterik
gegeben.

Sie hat ein wöchentliches Video zu
astrologischen Themen auf dem YouTube-
Kanal des New Herald. Sie hatte ihre eigene
Astrologie-Sendung, die täglich auf
Flamingo T.V. ausgestrahlt wurde, wurde

von mehreren Fernseh- und Radiosendungen interviewt und veröffentlicht jedes Jahr ihr "Astrologisches Jahrbuch" mit dem Horoskop Zeichen für Zeichen und anderen interessanten mystischen Themen.

Sie ist Autorin der Bücher "Reis und Bohnen für die Seele" Teil I, II und III, einer Zusammenstellung von esoterischen Artikeln, die in englischer und spanischer Sprache veröffentlicht wurden, "Geld für alle Taschen", "Liebe für alle Herzen", "Gesundheit für alle Körper", "Astrologisches Jahrbuch 2021", "Horoskop 2022", "Rituale und Zaubersprüche für den Erfolg im Jahr 2022 - Zaubersprüche und Geheimnisse", "Astrologie-Kurse", "Rituale und Zaubersprüche 2024" und "Chinesisches Horoskop 2024", alle in sieben Sprachen erhältlich.

Sie hat einen YouTube-Kanal mit Themen zu Psychologie, Esoterik und Astrologie, wo man Videos zu Seelenverwandtschaft,

Reinkarnation, Körpersprache, Astralreisen, bösem Blick, Zaubersprüchen und vielen anderen Themen sehen kann.

Rubi spricht fließend Englisch und Spanisch und vereint in ihren Lesungen alle ihre Talente und Kenntnisse. Sie wohnt derzeit in Miami, Florida.

Weitere Informationen finden Sie auf der Website www.esoterismomagia.com.

Angeline A. Ruby ist die Tochter von Alina Ruby. Seit ihrer Kindheit interessiert sie sich für alle esoterischen Themen und praktiziert Astrologie und Kabbala, seit sie vier Jahre alt ist.

Sie verfügt über Kenntnisse in Tarot, Reiki und Gemmologie. Sie ist nicht nur die Autorin, sondern auch die Herausgeberin aller von ihr und ihrer Mutter veröffentlichten Bücher.

Für weitere Informationen kontaktieren Sie sie bitte per E-Mail:

rubiediciones29@gmail.com